Lecturas históricas norteamericanas

La Fiesta del Té de Boston

Escrito por Melinda Lilly
Ilustrado por Patrick O'Brien

Consultores educativos
Kimberly Weiner, Ed.D.
Betty Carter, Ed.D.

Rourke
Publishing LLC

Vero Beach, Florida 32963

www.rourkepublishing.com

Diseñadora: Elizabeth J. Bender

Library of Congress Cataloging-in-Publication Data

Lilly, Melinda.
  The Boston Tea Party / Melinda Lilly; illustrated by Patrick O'Brien.
    p. cm. — (Reading American history)
  Summary: A simple description of the 1773 event known as the Boston Tea Party, at which American colonists dumped English tea into the sea rather than pay taxes on it.
   ISBN 1-59515-681-X (paperback)
   1. Boston Tea Party, 1773—Juvenile literature. [1. Boston Tea Party, 1773.] I. O'Brien, illus. II. Title.

E215.7 .L55 2002
973.3'115—dc21

Ilustración de la cubierta: Uno de los Hijos de la Libertad lanza por la borda una caja de té durante la Fiesta del Té de Boston.

Impreso en Estados Unidos.

Cronología

Ayude a los estudiantes a seguir esta historia, presentándoles eventos importantes en la Cronología.

1767	Los ingleses ponen un impuesto al té en las colonias, como parte de la Actas de Townshend
1770	Cinco norteamericanos mueren como resultado de la Masacre de Boston.
1773	El Acta del Té baja el impuesto sobre el té inglés.
1773	La Fiesta del Té de Boston
1775	La batalla de Concord y Lexington
1776	La Declaración de Independencia

En 1773, **Inglaterra** gobierna **Norteamérica**. Tres barcos atracan en **Boston**.

Los barcos ingleses llegan a Boston.

Hay muchas cajas de té dentro de los barcos.

Cajas de té

Inglaterra dice que Norteamérica debe pagar **impuestos** sobre el té. "No", dice **Samuel Adams**.

Samuel Adams en Boston

"Sí", dice el **gobernador**.
Inglaterra quiere que él haga
desembarcar el té.

El gobernador en Boston

Samuel Adams tiene un plan.

Adams cuenta su plan.

Adams y 50 norteamericanos tratan de vestirse como **nativos americanos**.

Los norteamericanos no quieren que nadie sepa quiénes son.

Los hombres entran en los barcos durante la noche.

Hora de la **Fiesta del Té de Boston**.

Los hombres lanzan el té al mar. Ahora el gobernador no puede vender el té.

¡No queda té en el barco!

No habrá impuesto para Inglaterra,
¡sólo té para los peces!

Un pez bebe té.

Lista de palabras

Adams, Samuel — Nacido en 1722, Samuel Adams fue un líder de la Guerr de Independencia.

Boston — capital del estado de Massachusetts. Boston era una ciudad importante dentro de las colonias.

Fiesta del Té de Boston — Hecho ocurrido en 1773, cuando los norteamericanos lanzaron al mar el té inglés, en lugar de pagar el impuesto sobre el té.

gobernador — el que lleva el gobierno de un estado o de otra área

impuesto — dinero que los ciudadanos tienen que pagar a su gobierno

Inglaterra — parte del país de Gran Bretaña y el Reino Unido

nativos americanos — miembros de los pueblos nativos de Norteamérica; indios norteamericanos

Libros recomendados

Burgan, Michael. *The Boston Tea Party*. Compass Point Books, 2000.

Edwards, Pamela Duncan. *Boston Tea Party*. Putnam Publishing Group, Juvenile, 2001.

Furstinger, Nancy. *The Boston Tea Party*. Bridgestone Books, 2002.

Kroll, Steven. *The Boston Tea Party*. Holiday House, 2000.

Páginas de internet

www.whitehouse.gov/kids/dreamteam/samueladams.html

http://odur.let.rug.nl/~usa/H/1990/ch2_p8.htm

www.historyplace.com/unitedstates/revolution/index.html

www.pbs.org/ktca/liberty/chronicle/episode1.html

Índice